Hugo von Hofmannsthal

Gedichte

𝔏eseklassiker

Hugo von Hofmannsthal

Gedichte

ISBN/EAN: 9783955630188

Auflage: 1

Erscheinungsjahr: 2013

Erscheinungsort: Bremen, Deutschland

@ Leseklassiker in Access Verlag GmbH, Fahrenheitstr. 1, 28359 Bremen. Alle Rechte beim Verlag und bei den jeweiligen Lizenzgebern.

Leseklassiker

INHALT

DIE GESAMMELTEN GEDICHTE

Vorfrühling	2
Erlebnis	4
Vor Tag	6
Reiselied	8
Die Beiden	9
Lebenslied	10
Gute Stunde	12
Dein Antlitz …	13
Weltgeheimnis	14
Ballade Des Äusseren Lebens	15
Nox Portentis Gravida	16
Glückliches Haus	18
Botschaft	19
Terzinen Über Vergänglichkeit (I-IV)	21
Manche Freilich …	25
Ein Traum Von Grosser Magie	26
Im Grünen Zu Singen (I-III)	28
Liedchen Des Harlekin	31
Zerbinetta	32
Gesang Der Ungeborenen	33
Lied Der Welt	34

GESTALTEN
- Ein Knabe (I-II) — 36
- Der Jüngling In Der Landschaft — 38
- Der Schiffskoch, Ein Gefangener, Singt: — 39
- Des Alten Mannes Sehnsucht Nach Dem Sommer — 40
- Verse Auf Ein Kleines Kind — 42
- Der Kaiser Von China Spricht: — 43
- Grossmutter Und Enkel — 45
- Gespräch — 47
- Gesellschaft — 49
- Der Jüngling Und Die Spinne — 51
- Idylle Nach Einem Antiken Vasenbild: Zentaur Mit Verwundeter Frau Am Rand Eines Flusses — 54

PROLOGE UND TRAUERREDEN
- Prolog Zu Dem Buch ›Anatol‹ — 65
- Zu Einem Buch Ähnlicher Art — 68
- Zum Gedächtnis Des Schauspielers Mitterwurzer — 70
- Auf Den Tod Des Schauspielers Hermann Müller — 73
- Verse Zum Gedächtnis Des Schauspielers Josef Kainz — 75
- Zu Einer Totenfeier Für Arnold Böcklin — 78

DIE GESAMMELTEN GEDICHTE

VORFRÜHLING

Es läuft der Frühlingswind
Durch kahle Alleen,
Seltsame Dinge sind
In seinem Wehn.

Er hat sich gewiegt,
Wo Weinen war,
Und hat sich geschmiegt
In zerrüttetes Haar.

Er schüttelte nieder
Akazienblüten
Und kühlte die Glieder,
Die atmend glühten.

Lippen im Lachen
Hat er berührt,
Die weichen und wachen
Fluren durchspürt.

Er glitt durch die Flöte
Als schluchzender Schrei,
An dämmernder Röte
Flog er vorbei.

Er flog mit Schweigen
Durch flüsternde Zimmer
Und löschte im Neigen
Der Ampel Schimmer.

Es läuft der Frühlingswind
Durch kahle Alleen,
Seltsame Dinge sind
In seinem Wehn.

Durch die glatten
Kahlen Alleen
Treibt sein Wehn
Blasse Schatten

Und den Duft,
Den er gebracht,
Von wo er gekommen
Seit gestern nacht.

ERLEBNIS

Mit silbergrauem Dufte war das Tal
Der Dämmerung erfüllt, wie wenn der Mond
Durch Wolken sickert. Doch es war nicht Nacht.
Mit silbergrauem Duft des dunklen Tales
Verschwammen meine dämmernden Gedanken,
Und still versank ich in dem webenden,
Durchsichtgen Meere und verließ das Leben.
Wie wunderbare Blumen waren da,
Mit Kelchen dunkelglühend! Pflanzendickicht,
Durch das ein gelbrot Licht wie von Topasen
In warmen Strömen drang und glomm. Das Ganze
War angefüllt mit einem tiefen Schwellen
Schwermütiger Musik. Und dieses wußt ich,
Obgleich ichs nicht begreife, doch ich wußt es:
Das ist der Tod. Der ist Musik geworden,
Gewaltig sehnend, süß und dunkelglühend,
Verwandt der tiefsten Schwermut.

                                              Aber seltsam!
Ein namenloses Heimweh weinte lautlos
In meiner Seele nach dem Leben, weinte,
Wie einer weint, wenn er auf großem Seeschiff
Mit gelben Riesensegeln gegen Abend
Auf dunkelblauem Wasser an der Stadt,
Der Vaterstadt, vorüberfährt. Da sieht er
Die Gassen, hört die Brunnen rauschen, riecht
Den Duft der Fliederbüsche, sieht sich selber.
Ein Kind, am Ufer stehn, mit Kindesaugen,
Die ängstlich sind und weinen wollen, sieht
Durchs offne Fenster Licht in seinem Zimmer –
Das große Seeschiff aber trägt ihn weiter,

Auf dunkelblauem Wasser lautlos gleitend
Mit gelben, fremdgeformten Riesensegeln.

VOR TAG

Nun liegt und zuckt am fahlen Himmelsrand
In sich zusammgesunken das Gewitter.
Nun denkt der Kranke: ›Tag! jetzt werd ich schlafen!‹
Und drückt die heißen Lider zu. Nun streckt
Die junge Kuh im Stall die starken Nüstern
Nach kühlem Frühduft. Nun im stummen Wald
Hebt der Landstreicher ungewaschen sich
Aus weichem Bett vorjährigen Laubes auf
Und wirft mit frecher Hand den nächsten Stein
Nach einer Taube, die schlaftrunken fliegt,
Und graust sich selber, wie der Stein so dumpf
Und schwer zur Erde fällt. Nun rennt das Wasser,
Als wollte es der Nacht, der fortgeschlichnen, nach
Ins Dunkel stürzen, unteilnehmend, wild
Und kalten Hauches hin, indessen droben
Der Heiland und die Mutter leise, leise
Sich unterreden auf dem Brücklein: leise.
Und doch ist ihre kleine Rede ewig
Und unzerstörbar wie die Sterne droben.
Er trägt sein Kreuz und sagt nur: ›Meine Mutter!‹
Und sieht sie an, und: ›Ach, mein lieber Sohn!‹
Sagt sie. – Nun hat der Himmel mit der Erde
Ein stumm beklemmend Zwiegespräch. Dann geht
Ein Schauer durch den schweren, alten Leib:
Sie rüstet sich, den neuen Tag zu leben.
Nun steigt das geisterhafte Frühlicht. Nun
Schleicht einer ohne Schuh von einem Frauenbett,
Läuft wie ein Schatten, klettert wie ein Dieb
Durchs Fenster in sein eigenes Zimmer, sieht
Sich im Wandspiegel und hat plötzlich Angst
Vor diesem blassen, übernächtigen Fremden,

Als hätte dieser selbe heute nacht
Den guten Knaben, der er war, ermordet
Und käme jetzt, die Hände sich zu waschen
Im Krüglein seines Opfers wie zum Hohn,
Und darum sei der Himmel so beklommen
Und alles in der Luft so sonderbar.
Nun geht die Stalltür. Und nun ist auch Tag.

REISELIED

Wasser stürzt, uns zu verschlingen,
Rollt der Fels, uns zu erschlagen,
Kommen schon auf starken Schwingen
Vögel her, uns fortzutragen.

Aber unten liegt ein Land,
Früchte spiegelnd ohne Ende
In den alterslosen Seen.

Marmorstirn und Brunnenrand
Steigt aus blumigem Gelände,
Und die leichten Winde wehn.

DIE BEIDEN

Sie trug den Becher in der Hand
– Ihr Kinn und Mund glich seinem Rand –,
So leicht und sicher war ihr Gang,
Kein Tropfen aus dem Becher sprang.

So leicht und fest war seine Hand:
Er ritt auf einem jungen Pferde,
Und mit nachlässiger Gebärde
Erzwang er, daß es zitternd stand.

Jedoch, wenn er aus ihrer Hand
Den leichten Becher nehmen sollte,
So war es beiden allzu schwer:
Denn beide bebten sie so sehr,
Daß keine Hand die andre fand
Und dunkler Wein am Boden rollte.

LEBENSLIED

Den Erben laß verschwenden
An Adler, Lamm und Pfau
Das Salböl aus den Händen
Der toten alten Frau!
Die Toten, die entgleiten,
Die Wipfel in dem Weiten –
Ihm sind sie wie das Schreiten
Der Tänzerinnen wert!

Er geht wie den kein Walten
Vom Rücken her bedroht.
Er lächelt, wenn die Falten
Des Lebens flüstern: Tod!
Ihm bietet jede Stelle
Geheimnisvoll die Schwelle;
Es gibt sich jeder Welle
Der Heimatlose hin.

Der Schwarm von wilden Bienen
Nimmt seine Seele mit;
Das Singen von Delphinen
Beflügelt seinen Schritt:
Ihn tragen alle Erden
Mit mächtigen Gebärden.
Der Flüsse Dunkelwerden
Begrenzt den Hirtentag!

Das Salböl aus den Händen
Der toten alten Frau
Laß lächelnd ihn verschwenden
An Adler, Lamm und Pfau:
Er lächelt der Gefährten. –
Die schwebend unbeschwerten

Abgründe und die Gärten
Des Lebens tragen ihn.

GUTE STUNDE

Hier lieg ich, mich dünkt es der Gipfel der Welt,
Hier hab ich kein Haus, und hier hab ich kein Zelt!

Die Wege der Menschen sind um mich her,
Hinauf zu den Bergen und nieder zum Meer:

Sie tragen die Ware, die ihnen gefällt,
Unwissend, daß jede mein Leben enthält.

Sie bringen in Schwingen aus Binsen und Gras
Die Früchte, von denen ich lange nicht aß:

Die Feige erkenn ich, nun spür ich den Ort,
Doch lebte der lange vergessene fort!

Und war mir das Leben, das schöne, entwandt,
Es hielt sich im Meer, und es hielt sich im Land!

DEIN ANTLITZ ...

Dein Antlitz war mit Träumen ganz beladen.
Ich schwieg und sah dich an mit stummem Beben.
Wie stieg das auf! Daß ich mich einmal schon
In frühern Nächten völlig hingegeben

Dem Mond und dem zuviel geliebten Tal,
Wo auf den leeren Hängen auseinander
Die magern Bäume standen und dazwischen
Die niedern kleinen Nebelwolken gingen

Und durch die Stille hin die immer frischen
Und immer fremden silberweißen Wasser
Der Fluß hinrauschen ließ – wie stieg das auf!

Wie stieg das auf! Denn allen diesen Dingen
Und ihrer Schönheit – die unfruchtbar war –
Hingab ich mich in großer Sehnsucht ganz,
Wie jetzt für das Anschaun von deinem Haar
Und zwischen deinen Lidern diesen Glanz!

WELTGEHEIMNIS

Der tiefe Brunnen weiß es wohl,
Einst waren alle tief und stumm,
Und alle wußten drum.

Wie Zauberworte, nachgelallt
Und nicht begriffen in den Grund,
So geht es jetzt von Mund zu Mund.

Der tiefe Brunnen weiß es wohl;
In den gebückt, begriffs ein Mann,
Begriff es und verlor es dann.

Und redet' irr und sang ein Lied –
Auf dessen dunklen Spiegel bückt
Sich einst ein Kind und wird entrückt.

Und wächst und weiß nichts von sich selbst
Und wird ein Weib, das einer liebt
Und – wunderbar wie Liebe gibt!

Wie Liebe tiefe Kunde gibt! –
Da wird an Dinge, dumpf geahnt,
In ihren Küssen tief gemahnt …

In unsern Worten liegt es drin,
So tritt des Bettlers Fuß den Kies,
Der eines Edelsteins Verlies.

Der tiefe Brunnen weiß es wohl,
Einst aber wußten alle drum,
Nun zuckt im Kreis ein Traum herum.

BALLADE DES ÄUSSEREN LEBENS

Und Kinder wachsen auf mit tiefen Augen,
Die von nichts wissen, wachsen auf und sterben,
Und alle Menschen gehen ihre Wege.

Und süße Früchte werden aus den herben
Und fallen nachts wie tote Vögel nieder
Und liegen wenig Tage und verderben.

Und immer weht der Wind, und immer wieder
Vernehmen wir und reden viele Worte
Und spüren Lust und Müdigkeit der Glieder.

Und Straßen laufen durch das Gras, und Orte
Sind da und dort, voll Fackeln, Bäumen, Teichen,
Und drohende, und totenhaft verdorrte …

Wozu sind diese aufgebaut? und gleichen
Einander nie? und sind unzählig viele?
Was wechselt Lachen, Weinen und Erbleichen?

Was frommt das alles uns und diese Spiele,
Die wir doch groß und ewig einsam sind
Und wandernd nimmer suchen irgend Ziele?

Was frommts, dergleichen viel gesehen haben?
Und dennoch sagt der viel, der ›Abend‹ sagt,
Ein Wort, daraus Tiefsinn und Trauer rinnt

Wie schwerer Honig aus den hohlen Waben.

Nox Portentis Gravida

In hohen Bäumen ist ein Nebelspiel,
Und drei der schönen Sterne funkeln nah:
Die Hyazinthen an der dunkeln Erde
Erinnern sich, daß hier geschehen werde,
Was früher schon und öfter wohl geschah:
Daß Hermes und die beiden Dioskuren,
Funkelnd vor Übermut, die luftigen Spuren
Der windgetragenen Grazien umstellen
Und spielend, mit der Grausamkeit der Jagd,
Sie aus den Wipfeln scheuchen, ja die Wellen
Des Flusses nahe treiben, bis es tagt.

Der Dichter hat woanders seinen Weg,
Und mit den Augen der Meduse schauend
Sieht er das umgelegene fahle Feld
Sogleich entrückt und weiß nicht, wie es ist,
Und fügt es andern solchen Orten zu,
Wo seine Seele wie ein Kind verstellt,
Ein Dasein hat von keiner sichern Frist
In Adlersluft und abgestorbner Ruh.
Dort streut er ihr die Schatten und die Scheine
Der Erdendinge hin und Edelsteine.

Den dritten Teil des Himmels aber nimmt
Die Wolke ein von solcher Todesschwärze,
Wie sie die Seele dessen anfällt, der
Durch Nacht den Weg sich sucht mit einer Kerze:
Die Wolke, die hinzog am nächsten Morgen,
Mit Donnerschlag von tausenden Gewittern
Und blauem Lichte stark wie nahe Sonnen
Und schauerlichem Sturz von heißen Steinen,
Die Insel heimzusuchen, wo das Zittern
Aufblühen ließ die wundervollsten Wonnen;

Vor ungeheurer Angst erstorbenes Weinen
Der Kaufpreis war: daß in verstörten Gärten,
Die nie sich sahen, sich fürs Leben fanden
Und trunken sterbend, Rettung nicht begehrten;
Daß Gott entsprang den Luft- und Erdenbanden,
Verwaiste Kinder gleich Propheten glühten
Und alle Seelen wie die Sterne blühten.

GLÜCKLICHES HAUS

Auf einem offenen Altane sang
Ein Greise orgelspielend gegen Himmel,
Indes auf einer Tenne, ihm zu Füßen,
Der schlanke mit dem bärtigen Enkel focht,
Daß durch den reinen Schaft des Oleanders
Ein Zittern aufwärtslief; allein ein Vogel
Still in der Krone blütevollem Schein
Floh nicht und äugte klugen Blicks herab.
Auf dem behauenen Rand des Brunnens aber
Die junge Frau gab ihrem Kind die Brust.

Allein der Wanderer, dem die Straße sich
Entlang der Tenne ums Gemäuer bog,
Warf hinter sich den einen Blick des Fremden
Und trug in sich – gleich jener Abendwolke
Entschwebend, über stillem Fluß und Wald –
Das wundervolle Bild des Friedens fort.

BOTSCHAFT

Ich habe mich bedacht, daß schönste Tage
Nur jene heißen dürfen, da wir redend
Die Landschaft uns vor Augen in ein Reich
Der Seele wandelten; da hügelan
Dem Schatten zu wir stiegen in den Hain,
Der uns umfing wie schon einmal Erlebtes,
Da wir auf abgetrennten Wiesen still
Den Traum vom Leben niegeahnter Wesen,
Ja ihres Gehns und Trinkens Spuren fanden
Und überm Teich ein gleitendes Gespräch,
Noch tiefere Wölbung spiegelnd als der Himmel:
Ich habe mich bedacht auf solche Tage,
Und daß nächst diesen drei: gesund zu sein,
Am eignen Leib und Leben sich zu freuen,
Und an Gedanken, Flügeln junger Adler,
Nur eines frommt: gesellig sein mit Freunden.
So will ich, daß du kommst und mit mir trinkst
Aus jenen Krügen, die mein Erbe sind,
Geschmückt mit Laubwerk und beschwingten Kindern,
Und mit mir sitzest in dem Gartenturm:
Zwei Jünglinge bewachen seine Tür,
In deren Köpfen mit gedämpftem Blick
Halbabgewandt ein ungeheueres
Geschick dich steinern anschaut, daß du schweigst
Und meine Landschaft hingebreitet siehst:
Daß dann vielleicht ein Vers von dir sie mir
Veredelt künftig in der Einsamkeit
Und da und dort Erinnerung an dich
Ein Schatten nistet und zur Dämmerung
Die Straße zwischen dunklen Wipfeln rollt

Und schattenlose Wege in der Luft
Dahinrolln wie ein ferner goldner Donner.

TERZINEN
ÜBER VERGÄNGLICHKEIT I

Noch spür ich ihren Atem auf den Wangen:
Wie kann das sein, daß diese nahen Tage
Fort sind, für immer fort, und ganz vergangen?

Dies ist ein Ding, das keiner voll aussinnt,
Und viel zu grauenvoll, als daß man klage:
Daß alles gleitet und vorüberrinnt

Und daß mein eignes Ich, durch nichts gehemmt,
Herüberglitt aus einem kleinen Kind
Mir wie ein Hund unheimlich stumm und fremd.

Dann: daß ich auch vor hundert Jahren war
Und meine Ahnen, die im Totenhemd,
Mit mir verwandt sind wie mein eignes Haar,

So eins mit mir als wie mein eignes Haar.

II

Die Stunden! wo wir auf das helle Blauen
Des Meeres starren und den Tod verstehn,
So leicht und feierlich und ohne Grauen,

Wie kleine Mädchen, die sehr blaß aussehn,
Mit großen Augen, und die immer frieren,
An einem Abend stumm vor sich hinsehn

Und wissen, daß das Leben jetzt aus ihren
Schlaftrunknen Gliedern still hinüberfließt
In Bäum' und Gras, und sich matt lächelnd zieren

Wie eine Heilige, die ihr Blut vergießt.

III

Wir sind aus solchem Zeug, wie das zu Träumen,
Und Träume schlagen so die Augen auf
Wie kleine Kinder unter Kirschenbäumen,

Aus deren Krone den blaßgoldnen Lauf
Der Vollmond anhebt durch die große Nacht.
… Nicht anders tauchen unsre Träume auf,

Sind da und leben wie ein Kind, das lacht,
Nicht minder groß im Auf- und Niederschweben
Als Vollmond, aus Baumkronen aufgewacht.

Das Innerste ist offen ihrem Weben,
Wie Geisterhände in versperrtem Raum
Sind sie in uns und haben immer Leben.

Und drei sind Eins: ein Mensch, ein Ding, ein Traum.

IV

Zuweilen kommen niegeliebte Frauen
Im Traum als kleine Mädchen uns entgegen
Und sind unsäglich rührend anzuschauen,

Als wären sie mit uns auf fernen Wegen
Einmal an einem Abend lang gegangen,
Indes die Wipfel atmend sich bewegen

Und Duft herunterfällt und Nacht und Bangen,
Und längs des Weges, unsres Wegs, des dunkeln,
Im Abendschein die stummen Weiher prangen

Und, Spiegel unsrer Sehnsucht, traumhaft funkeln,
Und allen leisen Worten, allem Schweben
Der Abendluft und erstem Sternefunkeln

Die Seelen schwesterlich und tief erbeben
Und traurig sind und voll Triumphgepränge
Vor tiefer Ahnung, die das große Leben

Begreift und seine Herrlichkeit und Strenge.

MANCHE FREILICH ...

Manche freilich müssen drunten sterben,
Wo die schweren Ruder der Schiffe streifen,
Andre wohnen bei dem Steuer droben,
Kennen Vogelflug und die Länder der Sterne.

Manche liegen immer mit schweren Gliedern
Bei den Wurzeln des verworrenen Lebens,
Andern sind die Stühle gerichtet
Bei den Sibyllen, den Königinnen,
Und da sitzen sie wie zu Hause,
Leichten Hauptes und leichter Hände.

Doch ein Schatten fällt von jenen Leben
In die anderen Leben hinüber,
Und die leichten sind an die schweren
Wie an Luft und Erde gebunden:

Ganz vergessener Völker Müdigkeiten
Kann ich nicht abtun von meinen Lidern,
Noch weghalten von der erschrockenen Seele
Stummes Niederfallen ferner Sterne.

Viele Geschicke weben neben dem meinen.
Durcheinander spielt sie alle das Dasein.
Und mein Teil ist mehr als dieses Lebens
Schlanke Flamme oder schmale Leier.

EIN TRAUM VON GROSSER MAGIE

Viel königlicher als ein Perlenband
Und kühn wie junges Meer im Morgenduft,
So war ein großer Traum – wie ich ihn fand.

Durch offene Glastüren ging die Luft.
Ich schlief im Pavillon zu ebner Erde,
Und durch vier offne Türen ging die Luft –

Und früher liefen schon geschirrte Pferde
Hindurch und Hunde eine ganze Schar
An meinem Bett vorbei. Doch die Gebärde

Des Magiers – des Ersten, Großen – war
Auf einmal zwischen mir und einer Wand:
Sein stolzes Nicken, königliches Haar.

Und hinter ihm nicht Mauer: es entstand
Ein weiter Prunk von Abgrund, dunklem Meer
Und grünen Matten hinter seiner Hand.

Er bückte sich und zog das Tiefe her.
Er bückte sich, und seine Finger gingen
Im Boden so, als ob es Wasser wär.

Vom dünnen Quellenwasser aber fingen
Sich riesige Opale in den Händen
Und fielen tönend wieder ab in Ringen.

Dann warf er sich mit leichtem Schwung der Lenden –
Wie nur aus Stolz – der nächsten Klippe zu;
An ihm sah ich die Macht der Schwere enden.

In seinen Augen aber war die Ruh
Von schlafend- doch lebendgen Edelsteinen.
Er setzte sich und sprach ein solches Du

Zu Tagen, die uns ganz vergangen scheinen,
Daß sie herkamen trauervoll und groß:
Das freute ihn zu lachen und zu weinen.

Er fühlte traumhaft aller Menschen Los,
So wie er seine eignen Glieder fühlte.
Ihm war nichts nah und fern, nichts klein und groß.

Und wie tief unten sich die Erde kühlte,
Das Dunkel aus den Tiefen aufwärts drang,
Die Nacht das Laue aus den Wipfeln wühlte,

Genoß er allen Lebens großen Gang
So sehr – daß er in großer Trunkenheit
So wie ein Löwe über Klippen sprang.

Cherub und hoher Herr ist unser Geist –
Wohnt nicht in uns, und in die obern Sterne
Setzt er den Stuhl und läßt uns viel verwaist:

Doch Er ist Feuer uns im tiefsten Kerne
– So ahnte mir, da ich den Traum da fand –
Und redet mit den Feuern jener Ferne

Und lebt in mir wie ich in meiner Hand.

IM GRÜNEN ZU SINGEN I

Hörtest du denn nicht hinein,
Daß Musik das Haus umschlich?
Nacht war schwer und ohne Schein,
Doch der sanft auf hartem Stein
Lag und spielte, das war ich.

Was ich konnte, sprach ich aus:

›Liebste du, mein Alles du!‹

Östlich brach ein Licht heraus,
Schwerer Tag trieb mich nach Haus,
Und mein Mund ist wieder zu.

II

War der Himmel trüb und schwer,
Waren einsam wir so sehr,
Voneinander abgeschnitten!
Aber das ist nun nicht mehr:
Lüfte fließen hin und her;
Und die ganze Welt inmitten
Glänzt, als ob sie gläsern wär.

Sterne kamen aufgegangen,
Flimmern mein- und deinen Wangen,
Und sie wissens auch:
Stark und stärker wird ihr Prangen;
Und wir atmen mit Verlangen,
Liegen selig wie gefangen,
Spüren eins des andern Hauch.

III

Die Liebste sprach: ›Ich halt dich nicht,
Du hast mir nichts geschworn.
Die Menschen soll man halten nicht,
Sind nicht zur Treu geborn.

Zieh deine Straßen hin, mein Freund,
Beschau dir Land um Land,
In vielen Betten ruh dich aus,
Viel Frauen nimm bei der Hand.

Wo dir der Wein zu sauer ist,
Da trink du Malvasier,
Und wenn mein Mund dir süßer ist,
So komm nur wieder zu mir!‹

LIEDCHEN DES HARLEKIN

Lieben, Hassen, Hoffen, Zagen,
Alle Lust und alle Qual,
Alles kann ein Herz ertragen
Einmal um das andere Mal.

Aber weder Lust noch Schmerzen,
Abgestorben auch der Pein,
Das ist tödlich deinem Herzen,
Und so darfst du mir nicht sein!

Mußt dich aus dem Dunkel heben,
Wär es auch um neue Qual,
Leben mußt du, liebes Leben,
Leben noch dies eine Mal!

ZERBINETTA

Noch glaub ich dem einen ganz mich gehörend,
Noch mein' ich mir selber so sicher zu sein,
Da mischt sich im Herzen leise betörend
Schon einer nie gekosteten Freiheit,
Schon einer neuen verstohlenen Liebe
Schweifendes freches Gefühle sich ein!
Noch bin ich wahr, und doch ist es gelogen,
Ich halte mich treu und bin schon schlecht.
Mit falschen Gewichten wird alles gewogen –
Und halb mich wissend und halb im Taumel
Betrüg ich ihn endlich und lieb ihn noch recht!
Ja, halb mich wissend und halb im Taumel
Betrüge ich endlich und liebe noch recht!
So war es mit Pagliazzo
Und mit Mezzetin!
Dann war es Cavicchio,
Dann Buratin,
Dann Pasquariello!
Ach, und zuweilen,
Will es mir scheinen,
Waren es zwei!
Doch niemals Launen,
Immer ein Müssen!
Immer ein neues
Beklommenes Staunen.
Daß ein Herz so gar sich selber,
Gar sich selber nicht versteht!
Als ein Gott kam jeder gegangen,
Und sein Schritt schon machte mich stumm,
Küßte er mir Stirn und Wangen,
War ich von dem Gott gefangen
Und gewandelt um und um!

GESANG DER UNGEBORENEN

Vater, dir drohet nichts,
Siehe, es schwindet schon,
Mutter, das Ängstliche,
Das dich beirrte!
Wäre denn je ein Fest,
Wären nicht insgeheim
Wir die Geladenen,
Wir auch die Wirte?

LIED DER WELT

Flieg hin, Zeit, du bist meine Magd,
Schmück mich, wenn es nächtet, schmück mich, wenn es tagt,
Flicht mir mein Haar, spiel mir um den Schuh,
Ich bin die Frau, die Magd bist du.
Heia!
Doch einmal trittst du zornig herein,
Die Sterne schießen schiefen Schein,
Der Wind durchfährt den hohen Saal,
Die Sonn geht aus, das Licht wird fahl,
Der Boden gibt einen toten Schein,
Da wirst du meine Herrin sein!
O weh!
Und ich deine Magd, schwach und verzagt,
Gott sei's geklagt!
Flieg hin, Zeit! Die Zeit ist noch weit!
Heia!

GESTALTEN

Ein Knabe I

Lang kannte er die Muscheln nicht für schön:
Er war zu sehr aus einer Welt mit ihnen;
Der Duft der Hyazinthen war ihm nichts
Und nichts das Spiegelbild der eigenen Mienen.

Doch alle seine Tage waren so
Geöffnet wie ein leierförmig Tal,
Darin er Herr zugleich und Knecht zugleich
Des weißen Lebens war und ohne Wahl.

Wie einer, der noch tut, was ihm nicht ziemt,
Doch nicht für lange, ging er auf den Wegen:
Der Heimkehr und unendlichem Gespräch
Hob seine Seele ruhig sich entgegen.

II

Eh er gebändigt war für sein Geschick,
Trank er viel Flut, die bitter war und schwer.
Dann richtete er sonderbar sich auf
Und stand am Ufer seltsam leicht und leer.

Zu seinen Füßen rollten Muscheln hin,
Und Hyazinthen hatte er im Haar,
Und ihre Schönheit wußte er, und auch,
Daß dies der Trost des schönen Lebens war.

Doch mit unsicherm Lächeln ließ er sie
Bald wieder fallen, denn ein großer Blick
Auf diese schönen Kerker zeigte ihm
Das eigne unbegreifliche Geschick.

DER JÜNGLING IN DER LANDSCHAFT

Die Gärtner legten ihre Beete frei,
Und viele Bettler waren überall
Mit schwarzverbundnen Augen und mit Krücken –
Doch auch mit Harfen und den neuen Blumen,
Dem starken Duft der schwachen Frühlingsblumen.

Die nackten Bäume ließen alles frei:
Man sah den Fluß hinab und sah den Markt,
Und viele Kinder spielten längs den Teichen.
Durch diese Landschaft ging er langsam hin
Und fühlte ihre Macht und wußte – daß
Auf ihn die Weltgeschicke sich bezogen.

Auf jene fremden Kinder ging er zu
Und war bereit, an unbekannter Schwelle
Ein neues Leben dienend hinzubringen.
Ihm fiel nicht ein, den Reichtum seiner Seele,
Die frühern Wege und Erinnerung
Verschlungner Finger und getauschter Seelen
Für mehr als nichtigen Besitz zu achten.

Der Duft der Blumen redete ihm nur
Von fremder Schönheit – und die neue Luft
Nahm er stillatmend ein, doch ohne Sehnsucht:
Nur daß er dienen durfte, freute ihn.

DER SCHIFFSKOCH, EIN GEFANGENER, SINGT:

Weh, geschieden von den Meinigen,
Lieg ich hier seit vielen Wochen;
Ach und denen, die mich peinigen,
Muß ich Mahl- um Mahlzeit kochen.

Schöne purpurflossige Fische,
Die sie mir lebendig brachten,
Schauen aus gebrochenen Augen,
Sanfte Tiere muß ich schlachten.

Stille Tiere muß ich schlachten,
Schöne Früchte muß ich schälen
Und für sie, die mich verachten,
Feurige Gewürze wählen.

Und wie ich gebeugt beim Licht in
Süß- und scharfen Düften wühle,
Steigen auf ins Herz der Freiheit
Ungeheuere Gefühle!

Weh, geschieden von den Meinigen,
Lieg ich hier seit wieviel Wochen!
Ach und denen, die mich peinigen,
Muß ich Mahl- um Mahlzeit kochen!

DES ALTEN MANNES SEHNSUCHT NACH DEM SOMMER

Wenn endlich Juli würde anstatt März,

Nichts hielte mich, ich nähme einen Rand,
Zu Pferd, zu Wagen oder mit der Bahn
Käm ich hinaus ins schöne Hügelland.

Da stünden Gruppen großer Bäume nah,
Platanen, Rüster, Ahorn oder Eiche:
Wie lang ists, daß ich keine solchen sah!

Da stiege ich vom Pferde oder riefe
Dem Kutscher: Halt! und ginge ohne Ziel
Nach vorwärts in des Sommerlandes Tiefe.

Und unter solchen Bäumen ruht ich aus;
In deren Wipfel wäre Tag und Nacht
Zugleich, und nicht so wie in diesem Haus,

Wo Tage manchmal öd sind wie die Nacht
Und Nächte fahl und lauernd wie der Tag.
Dort wäre Alles Leben, Glanz und Pracht.

Und aus dem Schatten in des Abendlichts
Beglückung tret ich, und ein Hauch weht hin,
Doch nirgend flüsterts: ›Alles dies ist nichts.‹

Das Tal wird dunkel, und wo Häuser sind,
Sind Lichter, und das Dunkel weht mich an,
Doch nicht vom Sterben spricht der nächtige Wind.

Ich gehe übern Friedhof hin und sehe
Nur Blumen sich im letzten Scheine wiegen,
Von gar nichts anderm fühl ich eine Nähe.

Und zwischen Haselsträuchern, die schon düstern,
Fließt Wasser hin, und wie ein Kind, so lausch ich
Und höre kein ›Dies ist vergeblich‹ flüstern!

Da ziehe ich mich hurtig aus und springe
Hinein, und wie ich dann den Kopf erhebe,
Ist Mond, indes ich mit dem Bächlein ringe.

Halb heb ich mich aus der eiskalten Welle,
Und einen glatten Kieselstein ins Land
Weit schleudernd steh ich in der Mondeshelle.

Und auf das mondbeglänzte Sommerland
Fällt weit ein Schatten: dieser, der so traurig
Hier nickt, hier hinterm Kissen an der Wand?

So trüb und traurig, der halb aufrecht kauert
Vor Tag und böse in das Frühlicht starrt
Und weiß, daß auf uns beide etwas lauert?

Er, den der böse Wind in diesem März
So quält, daß er die Nächte nie sich legt,
Gekrampft die schwarzen Hände auf sein Herz?

Ach, wo ist Juli und das Sommerland!

VERSE AUF EIN KLEINES KIND

Dir wachsen die rosigen Füße,
Die Sonnenländer zu suchen:
Die Sonnenländer sind offen!
An schweigenden Wipfeln blieb dort
Die Luft der Jahrtausende hangen,
Die unerschöpflichen Meere
Sind immer noch, immer noch da.
Am Rande des ewigen Waldes
Willst du aus der hölzernen Schale
Die Milch mit der Unke dann teilen?
Das wird eine fröhliche Mahlzeit,
Fast fallen die Sterne hinein!
Am Rande des ewigen Meeres
Schnell findest du einen Gespielen:
Den freundlichen guten Delphin.
Er springt dir ans Trockne entgegen,
Und bleibt er auch manchmal aus,
So stillen die ewigen Winde
Dir bald die aufquellenden Tränen.
Es sind in den Sonnenländern
Die alten, erhabenen Zeiten
Für immer noch, immer noch da!
Die Sonne mit heimlicher Kraft,
Sie formt dir die rosigen Füße,
Ihr ewiges Land zu betreten.

DER KAISER VON CHINA SPRICHT:

In der Mitte aller Dinge
Wohne Ich, der Sohn des Himmels.
Meine Frauen, meine Bäume,
Meine Tiere, meine Teiche
Schließt die erste Mauer ein.
Drunten liegen meine Ahnen:
Aufgebahrt mit ihren Waffen,
Ihre Kronen auf den Häuptern,
Wie es einem jeden ziemt,
Wohnen sie in den Gewölben.
Bis ins Herz der Welt hinunter
Dröhnt das Schreiten meiner Hoheit.
Stumm von meinen Rasenbänken,
Grünen Schemeln meiner Füße,
Gehen gleichgeteilte Ströme
Osten-, west- und süd- und nordwärts,
Meinen Garten zu bewässern,
Der die weite Erde ist.
Spiegeln hier die dunkeln Augen,
Bunten Schwingen meiner Tiere,
Spiegeln draußen bunte Städte,
Dunkle Mauern, dichte Wälder
Und Gesichter vieler Völker.
Meine Edlen, wie die Sterne,
Wohnen rings um mich, sie haben
Namen, die ich ihnen gab,
Namen nach der einen Stunde,
Da mir einer näher kam,
Frauen, die ich ihnen schenkte,
Und den Scharen ihrer Kinder,
Allen Edlen dieser Erde
Schuf ich Augen, Wuchs und Lippen,

Wie der Gärtner an den Blumen.
Aber zwischen äußern Mauern
Wohnen Völker meine Krieger,
Völker meine Ackerbauer.
Neue Mauern und dann wieder
Jene unterworfnen Völker,
Völker immer dumpfern Blutes,
Bis ans Meer, die letzte Mauer,
Die mein Reich und mich umgibt.

GROSSMUTTER UND ENKEL

›Ferne ist dein Sinn, dein Fuß
Nur in meiner Tür!‹
Woher weißt du's gleich beim Gruß?
›Kind, weil ich es spür.‹

Was? ›Wie Sie aus süßer Ruh
Süß durch dich erschrickt.‹ –
Sonderbar, wie S i e hast du
Vor dich hingenickt.

›Einst …‹ Nein: jetzt im Augenblick!
Mich beglückt der Schein –
›Kind, was haucht dein Wort und Blick
Jetzt in mich hinein?

Meine Mädchenzeit voll Glanz
Mit verstohlnem Hauch
Öffnet mir die Seele ganz!‹
Ja, ich spür es auch:

Und ich bin bei dir und bin
Wie auf fremdem Stern:
Ihr und dir mit wachem Sinn
Schwankend nah und fern!

›Als ich dem Großvater dein
Mich fürs Leben gab,
Trat ich so verwirrt nicht ein
Wie nun in mein Grab.‹

Grab? Was redest du von dem?
Das ist weit von dir!
Sitzest plaudernd und bequem
Mit dem Enkel hier.

Deine Augen frisch und reg,
Deine Wangen hell –
›Flog nicht übern kleinen Weg
Etwas schwarz und schnell?‹

Etwas ist, das wie im Traum
Mich Verliebten hält.
Wie der enge schwüle Raum
Seltsam mich umstellt!

›Fühlst du, was jetzt mich umblitzt
Und mein stockend Herz?
Wenn du bei dem Mädchen sitzt,
Unter Kuß und Scherz,

Fühl es fort und denk an mich,
Aber ohne Graun:
Denk, wie ich im Sterben glich
Jungen, jungen Fraun.‹

GESPRÄCH

Der Jüngere:

Ihr gleicht nun völlig dem vertriebnen Herzog,
Der zaubern kann und eine Tochter hat:
Dem im Theaterstück, dem Prospero.
Denn ihr seid stark genug, in dieser Stadt
Mit eurem Kind so frei dahinzuleben,
Als wäret ihr auf einer wüsten Insel.
Ihr habt den Zaubermantel und die Bücher,
Mit Geistern zur Bedienung und zur Lust
Euch und die Tochter zu umgeben, nicht?
Sie kommen, wenn ihr winkt, und sie verblassen,
Wenn ihr die Stirne runzelt. Dieses Kind
Lernt früh, was wir erst spät begreifen lernten:
Daß alles Lebende aus solchem Stoff
Wie Träume und ganz ähnlich auch zergeht.
Sie wächst so auf und fürchtet sich vor nichts:
Mit Tieren und mit Toten redet sie
Zutraulich wie mit ihresgleichen, blüht
Schamhafter als die festverschloßne Knospe,
Weil sie auch aus der leeren Luft so etwas
Wie Augen stets auf sich gerichtet fühlt.
Allmählich wird sie größer, und ihr lehrt sie:
›Hab du das Leben lieb, dich nicht zu lieb,
Und nur um seiner selbst, doch immerfort
Nur um des Guten willen, das darin ist.‹
In all dem ist für sie kein Widerspruch,
Denn so wie bunte Muscheln oder Vögel
Hat sie die Tugend lieb. Bis eines Tages
Ihr sie vermählt mit Einem, den ihr völlig
Durchschaut, den ihr geprüft auf solche Art,
Die kein unedler Mensch erträgt, als wäre er

Schiffbrüchig ausgeworfen auf der Insel,
Die ihr beherrscht, und ganz euch zugefallen
Wie Strandgut.

Der Ältere:

Nun meine ich, ist mir ein Maß geschenkt,
Ein unveränderlich und sichres Maß,
Das mich für immer und untrüglich abhält,
Ein leeres Ding für voll zu nehmen, mich
Für Schales zu vergeuden, fremdem Fühlen
Und angelerntem Denken irgend Platz
In einer meiner Adern zu gestatten.
Nun kann zwar Krankheit, Elend oder Tod
Mich noch bedrohen, aber Lüge kaum.
Dazu ist dies mein neues Amt zu voll
Einfacher Hoheit. Und daran gemessen
Vergeht erlogne Wichtigkeit zu Nichts.
Ins Schloß gefallen sind die letzten Türen,
Durch die ich hatte einen schlimmen Weg
Antreten können. Durch und durch verstört,
Im Kern beschmutzt und völlig irr an Güte
Werd ich nun nicht mehr. Denn mich hat ein Glanz
Vom wahren Sinn des Lebens angeglüht.

GESELLSCHAFT

Sängerin

Sind wir jung und sind nicht alt,
Lieder haben viel Gewalt,
Machen leicht und machen schwer,
Ziehen deine Seele her.

Fremder

Leben gibt es nah und fern,
Was ich zeige, seht ihr gern –
Nicht die Schwere vieler Erden,
Nur die spielenden Gebärden.

Junger Herr

Vieles, was mir Freude schafft,
Fühl ich hier herangeflogen,
Aber gar so geisterhaft:
Glücklich – bin ich wie betrogen!

Dichter

Einen hellen Widerschein
Sehe ich im Kreise wandern:
Spürt auch jeder sich allein,
Spürt sich doch in allen andern.

Maler

Und wie zwischen leichten Lichtern
Flattert zwischen den Gesichtern
Schwaches Lachen hin und her.

Fremder

Lieder machen leicht und schwer!

Dichter

Lieder haben große Kraft –
Leben gibt es nah und fern.

Junger Herr

Was sie reden, hör ich gern,
Sei es immer geisterhaft.

DER JÜNGLING UND DIE SPINNE

Der Jüngling

(vor sich mit wachsender Trunkenheit):

Sie liebt mich! Wie ich nun die Welt besitze,
Ist über alle Worte, alle Träume:
Mir gilt es, daß von jeder dunklen Spitze
Die stillen Wolken tieferleuch'te Räume
Hinziehn, von ungeheurem Traum erfaßt:
So trägt es mich – daß ich mich nicht versäume! –
Dem schönen Leben, Meer und Land zu Gast.
Nein! wie ein Morgentraum vom Schläfer fällt
Und in die Wirklichkeit hineinverblaßt,
Ist mir die Wahrheit jetzt erst aufgehellt:
Nicht treib ich als ein Gast umher, mich haben
Dämonisch zum Gebieter hergestellt
Die Fügungen des Schicksals: Junge Knaben
Sind da, die Ernst und Spiele von mir lernten,
Ich seh, wie manche meine Mienen haben,
Geheimnisvoll ergreift es mich, sie ernten
Zu sehn, und an den Ufern, an den Hügeln
Spür ich in einem wundervoll entfernten
Traumbilde sich mein Innerstes entriegeln
Beim Anblick, den mir ihre Taten geben.
Ich schaue an den Himmel auf, da spiegeln
Die Wolkenreiche, spiegeln mir im Schweben
Ersehntes, Hergegebnes, mich, das Ganze!
Ich bin von einem solchen großen Leben
Umrahmt, ich habe mit dem großen Glanze
Der schönen Sterne eine also nah
Verwandte Trunkenheit –
Nach welcher Zukunft greif ich Trunkner da?
Doch schwebt sie her, ich darf sie schon berühren:

Denn zu den Sternen steigt, was längst geschah,
Empor, und andre, andre Ströme führen
Das Ungeschehene herauf, die Erde
Läßt es empor aus unsichtbaren Türen,
Bezwungen von der bittenden Gebärde!

(So tritt er ans offene Fenster, das mit hellem Mondlicht angefüllt und von den Schatten wilder Weinblätter eingerahmt ist. Indem tritt unter seinen Augen aus dem Dunkel eines Blattes eine große Spinne mit laufenden Schritten hervor und umklammert den Leib eines kleinen Tieres. Es gibt in der Stille der Nacht einen äußerst leisen, aber kläglichen Laut, und man meint die Bewegungen der heftig umklammernden Glieder zu hören.)

Der Jüngling

(muß zurücktreten):

Welch eine Angst ist hier, welch eine Not.
Mein Blut muß ebben, daß ich dich da sehe,
Du häßliche Gewalt, du Tier, du Tod!
Der großen Träume wundervolle Nähe
Klingt ab, wie irgendwo das ferne Rollen
Von einem Wasserfall, den ich schon ehe
Gehört, da schien er kühn und angeschwollen,
Jetzt sinkt das Rauschen, und die hohe Ferne
Wird leer und öd aus einer ahnungsvollen:
Die Welt besitzt sich selber, o ich lerne!
Nicht hemme ich die widrige Gestalt
So wenig als den Lauf der schönen Sterne.
Vor meinen Augen tut sich die Gewalt,

Sie tut sich schmerzend mir im Herzen innen,
Sie hat an jeder meiner Fibern Halt,
Ich kann ihr – und ich will ihr nicht entrinnen:
Als wärens Wege, die zur Heimat führen,
Reißt es nach vorwärts mich mit allen Sinnen
Ins Ungewisse, und ich kann schon spüren
Ein unbegreiflich riesiges Genügen
Im Vorgefühl: ich werde dies gewinnen:
Schmerzen zu leiden, Schmerzen zuzufügen.
Nun spür ich schaudernd etwas mich umgeben,
Es türmt sich auf bis an die hohen Sterne,
Und seinen Namen weiß ich nun: das Leben.

IDYLLE
NACH EINEM ANTIKEN VASENBILD: ZENTAUR MIT VERWUNDETER FRAU AM RAND EINES FLUSSES

(Der Schauplatz im Böcklinschen Stil. Eine offene Dorfschmiede. Dahinter das Haus, im Hintergrunde ein Fluß. Der Schmied an der Arbeit, sein Weib müßig an die Türe gelehnt, die von der Schmiede ins Haus führt. Auf dem Boden spielt ein blondes kleines Kind mit einer zahmen Krabbe. In einer Nische ein Weinschlauch, ein paar frische Feigen und Melonenschalen.)

Der Schmied

Wohin verlieren dir die sinnenden Gedanken sich,
Indes du schweigend mir das Werk, feindselig fast,
Mit solchen Lippen, leise zuckenden, beschaust?

Die Frau

Im blütenweißen, kleinen Garten saß ich oft,
Den Blick aufs väterliche Handwerk hingewandt,
Das nette Werk des Töpfers: wie der Scheibe da,
Der surrenden im Kreis, die edle Form entstieg,
Im stillen Werden einer zarten Blume gleich,
Mit kühlem Glanz des Elfenbeins. Darauf erschuf
Der Vater Henkel, mit Akanthusblatt geziert,
Und ein Akanthus-, ein Olivenkranz wohl auch
Umlief als dunkelroter Schmuck des Kruges Rand.
Den schönen Körper dann belebte er mit Reigenkranz
Der Horen, der vorüberschwebend lebenspenden-

den.
Er schuf, gestreckt auf königliche Ruhebank,
Der Phädra wundervollen Leib, von Sehnsucht matt,
Und drüber flatternd Eros, der mit süßer Qual die Glieder füllt.
Gewaltgen Krügen liebte er ein Bacchusfest
Zum Schmuck zu geben, wo der Purpurtraubensaft
Aufsprühte unter der Mänade nacktem Fuß
Und fliegend Haar und Thyrsusschwung die Luft erfüllt.
Auf Totenurnen war Persephoneias hohes Bild,
Die mit den seelenlosen, roten Augen schaut,
Und Blumen des Vergessens, Mohn, im heiligen Haar,
Das lebenfremde, asphodelische Gefilde tritt.
Des Redens wär kein Ende, zählt ich alle auf,
Die göttlichen, an deren schönem Leben ich
– Zum zweiten Male lebend, was gebildet war –
An deren Gram und Haß und Liebeslust
Und wechselndem Erlebnis jeder Art
Ich also Anteil hatte, ich, ein Kind,
Die mir mit halbverstandener Gefühle Hauch
Anrührten meiner Seele tiefstes Saitenspiel,
Daß mir zuweilen war, als hätte ich im Schlaf
Die stets verborgenen Mysterien durchirrt
Von Lust und Leid, Erkennende mit wachem Aug,
Davon, an dieses Sonnenlicht zurückgekehrt,
Mir mahnendes Gedenken andern Lebens bleibt
Und eine Fremde, Ausgeschloßne aus mir macht
In dieser nährenden, lebendgen Luft der Welt.

Der Schmied

Den Sinn des Seins verwirrte allzu vieler Müßiggang
Dem schön gesinnten, gern verträumten Kind, mich dünkt.
Und jene Ehrfurcht fehlte, die zu trennen weiß,
Was Göttern ziemt, was Menschen! Wie Semele dies,
Die töricht fordernde, vergehend erst begriff.
Des Gatten Handwerk lerne heilig halten du,
Das aus des mütterlichen Grundes Eingeweiden stammt
Und, sich die hundertarmig Ungebändigte,
Die Flamme, unterwerfend, klug und kraftvoll wirkt.

Die Frau

Die Flamme anzusehen, lockts mich immer neu,
Die wechselnde, mit heißem Hauch berauschende.

Der Schmied

Vielmehr erfreue Anblick dich des Werks!
Die Waffen sich, der Pflugschar heilige Härte auch,
Und dieses Beil, das wilde Bäume uns zur Hütte fügt.
So schafft der Schmied, was alles andre schaffen soll.
Wo duftig aufgeworfne Scholle Samen trinkt
Und gelbes Korn der Sichel dann entgegenquillt,
Wo zwischen stillen Stämmen nach dem scheuen Wild
Der Pfeil hinschwirrt und tödlich in den Nacken schlägt,
Wo harter Huf von Rossen staubaufwirbelnd dröhnt

Und rasche Räder rollen zwischen Stadt und Stadt,
Wo der gewaltig klirrende, der Männerstreit
Die hohe liederwerte Männlichkeit enthüllt:
Da wirk ich fort und halt umwunden so die Welt
Mit starken Spuren meines Tuens, weil es tüchtig ist.

(Pause.)

Die Frau

Zentauren seh ich einen nahen, Jüngling noch,
Ein schöner Gott mir scheinend, wenn auch halb ein Tier,
Und aus dem Hain, entlang dem Ufer, traben her.

Der Zentaur

(einen Speer in der Hand, den er dem Schmied hinhält)

Find ich dem stumpfgewordnen Speere Heilung hier
Und neue Spitze der geschwungnen Wucht? Verkünd!

Der Schmied

Ob deinesgleichen auch, dich selber sah ich nie.

Der Zentaur

Zum ersten Male lockte mir den Lauf
Nach eurem Dorf Bedürfnis, das du kennst.

Der Schmied

Ihm soll
In kurzem abgeholfen sein. Indes erzählst
Du, wenn du dir den Dank der Frau verdienen
willst,
Von fremden Wundern, die du wohl gesehn, wovon
Hieher nicht Kunde dringt, wenn nicht ein Wandrer
kommt.

Die Frau

Ich reiche dir zuerst den vollen Schlauch: er ist
Mit kühlem, säuerlichem Apfelwein gefüllt,
Denn andrer ist uns nicht. Das nächste Dürsten stillt
Wohl etwa weit von hier aus beßrer Schale dir
Mit heißerm Safte eine schönre Frau als ich.

(Sie hat den Wein aus dem Schlauch in eine irdene
Trinkschale gegossen, die er langsam schlürft.)

Der Zentaur

Die allgemeinen Straßen zog ich nicht und mied
Der Hafenplätze vielvermengendes Gewühl,
Wo einer leicht von Schiffern bunte Mär erfährt.
Die öden Heiden wählte ich zum Tagesweg,
Flamingos nur und schwarze Stiere störend auf,

Und stampfte nachts das Heidekraut dahin im Duft,
Das hyazinthne Dunkel über mir.
Zuweilen kam ich wandernd einem Hain vorbei,
Wo sich, zu flüchtig eigensinnger Lust gewillt,
Aus einem Schwarme von Najaden eine mir
Für eine Strecke Wegs gesellte, die ich dann
An einen jungen Satyr wiederum verlor,
Der syrinxblasend, lockend wo am Wege saß.

Die Frau

Unsäglich reizend dünkt dies Ungebundne mir.

Der Schmied

Die Waldgebornen kennen Scham und Treue nicht,
Die erst das Haus verlangen und bewahren lehrt.

Die Frau

Ward dir, dem Flötenspiel des Pan zu lauschen? Sag!

Der Zentaur

In einem stillen Kesseltal ward mirs beschert.
Da wogte mit dem schwülen Abendwind herab
Vom Rand der Felsen rätselhaftestes Getön,
So tief aufwühlend wie vereinter Drang
Von allem Tiefsten, was die Seele je durchbebt,
Als flög mein Ich im Wirbel fortgerissen mir
Durch tausendfach verschiedne Trunkenheit hin-
durch.

Der Schmied

Verbotenes laß lieber unberedet sein!

Die Frau

Laß immerhin, was regt die Seele schöner auf?

Der Schmied

Das Leben zeitigt selbst den höhern Herzensschlag,
Wie reife Frucht vom Zweige sich erfreulich löst.
Und nicht zu andern Schauern sind geboren wir,
Als uns das Schicksal über unsre Lebenswelle
haucht.

Der Zentaur

So blieb die wunderbare Kunst dir unbekannt,
Die Götter üben: unter Menschen Mensch,
Zu andern Zeiten aufzugehn im Sturmeshauch,
Und ein Delphin zu plätschern wiederum im Naß
Und ätherkreisend einzusaugen Adlerlust?
Du kennst, mich dünkt, nur wenig von der Welt,
mein Freund.

Der Schmied

Die ganze kenn ich, kennend meinen Kreis,
Maßloses nicht verlangend, noch begierig ich,
Die flüchtge Flut zu ballen in der hohlen Hand.
Den Bach, der deine Wiege schaukelte, erkennen

lern,
Den Nachbarbaum, der dir die Früchte an der Sonne reift
Und dufterfüllten lauen Schatten niedergießt,
Das kühle grüne Gras, es trats dein Fuß als Kind.
Die alten Eltern tratens, leise frierende,
Und die Geliebte trats, da quollen duftend auf
Die Veilchen, schmiegend unter ihre Sohlen sich,
Das Haus begreif, in dem du lebst und sterben sollst,
Und dann, ein Wirkender, begreif dich selber ehrfurchtsvoll,
An diesen hast du mehr, als du erfassen kannst –,
Den Wanderliebenden, ich halt ihn länger nicht, allein
Der letzten Glättung noch bedarfs, die Feile fehlt,
Ich finde sie und schaffe dir das letzte noch.

(Er geht ins Haus.)

Die Frau

Dich führt wohl nimmermehr der Weg hieher zurück.
Hinstampfend durch die hyazinthne Nacht, berauscht,
Vergissest meiner du am Wege, fürcht ich, bald,
Die deiner, fürcht ich, nicht so bald vergessen kann.

Der Zentaur

Du irrst: verdammt von dir zu scheiden, wärs,
Als schlügen sich die Gitter dröhnend hinter mir
Von aller Liebe dufterfülltem Garten zu.

Doch kommst du, wie ich meine, mir Gefährtin mit,
So trag ich solchen hohen Reiz als Beute fort,
Wie nie die hohe Aphrodite ausgegossen hat,
Die allbelebende, auf Meer und wilde Flut.

Die Frau

Wie könnt ich Gatten, Haus und Kind verlassen hier?

Der Zentaur

Was sorgst du lang, um was du schnell vergessen hast?

Die Frau

Er kommt zurück, und schnell zerronnen ist der Traum!

Der Zentaur

Mit nichten, da doch Lust und Weg noch offen steht.
Mit festen Fingern greif mir ins Gelock und klammre dich,
Am Rücken ruhend, mir an Arm und Nacken an!

(Sie schwingt sich auf seinen Rücken, und er stürmt hell schreiend zum Fluß hinunter, das Kind erschrickt und bricht in klägliches Weinen aus. Der Schmied tritt aus dem Haus. Eben stürzt sich der

Zentaur in das aufrauschende Wasser des Flusses. Sein bronzener Oberkörper und die Gestalt der Frau zeichnen sich scharf auf der abendlich vergoldeten Wasserfläche ab. Der Schmied wird sie gewahr; in der Hand den Speer des Zentauren, läuft er ans Ufer hinab und schleudert, weit vorgebeugt, den Speer, der mit zitterndem Schaft einen Augenblick im Rücken der Frau stecken bleibt, bis diese mit einem gellenden Schrei die Locken des Zentauren fahren läßt und mit ausgebreiteten Armen rücklings ins Wasser stürzt. Der Zentaur fängt die Sterbende in seinen Armen auf und trägt sie hocherhoben stromabwärts, dem andern Ufer zuschwimmend.)

PROLOGE UND TRAUERREDEN

PROLOG ZU DEM BUCH ›ANATOL‹

Hohe Gitter, Taxushecken,
Wappen nimmermehr vergoldet,
Sphinxe, durch das Dickicht schimmernd …
… Knarrend öffnen sich die Tore. –
Mit verschlafenen Kaskaden
Und verschlafenen Tritonen.
Rokoko, verstaubt und lieblich,
Seht … das Wien des Canaletto,
Wien von siebzehnhundertsechzig …
… Grüne, braune, stille Teiche,
Glatt und marmorweiß umrandet,
In dem Spiegelbild der Nixen
Spielen Gold- und Silberfische …
Auf dem glattgeschornen Rasen
Liegen zierlich gleiche Schatten
Schlanker Oleanderstämme;
Zweige wölben sich zur Kuppel,
Zweige neigen sich zur Nische
Für die steifen Liebespaare,
Heroinen und Heroen …
Drei Delphine gießen murmelnd
Fluten in ein Muschelbecken …
Duftige Kastanienblüten
Gleiten, schwirren leuchtend nieder
Und ertrinken in den Becken …
… Hinter einer Taxusmauer
Tönen Geigen, Klarinetten,
Und sie scheinen den graziösen
Amoretten zu entströmen,
Die rings auf der Rampe sitzen,
Fiedelnd oder Blumen windend,

Selbst von Blumen bunt umgeben,
Die aus Marmorvasen strömen:
Goldlack und Jasmin und Flieder …
… Auf der Rampe, zwischen ihnen
Sitzen auch kokette Frauen,
Violette Monsignori …
Und im Gras, zu ihren Füßen
Und auf Polstern, auf den Stufen
Kavaliere und Abbati …
Andre heben andre Frauen
Aus den parfümierten Sänften …
… Durch die Zweige brechen Lichter,
Flimmern auf den blonden Köpfchen,
Scheinen auf den bunten Polstern,
Gleiten über Kies und Rasen,
Gleiten über das Gerüste,
Das wir flüchtig aufgeschlagen.
Wein und Winde klettert aufwärts
Und umhüllt die lichten Balken,
Und dazwischen farbenüppig
Flattert Teppich und Tapete,
Schäferszenen, keck gewoben,
Zierlich von Watteau entworfen …

Eine Laube statt der Bühne,
Sommersonne statt der Lampen,
Also spielen wir Theater,
Spielen unsre eignen Stücke,
Frühgereift und zart und traurig,
Die Komödie unsrer Seele,
Unsres Fühlens Heut und Gestern,
Böser Dinge hübsche Formel,
Glatte Worte, bunte Bilder,
Halbes, heimliches Empfinden,

Agonieen, Episoden …
Manche hören zu, nicht alle …
Manche träumen, manche lachen,
Manche essen Eis … und manche
Sprechen sehr galante Dinge …
… Nelken wiegen sich im Winde,
Hochgestielte, weiße Nelken,
Wie ein Schwarm von weißen Faltern,
Und ein Bologneserhündchen
Bellt verwundert einen Pfau an.

ZU EINEM BUCH ÄHNLICHER ART

Merkt auf, merkt auf! Die Zeit ist sonderbar,
Und sonderbare Kinder hat sie: Uns!
Wer allzusehr verliebt ist in das Süße,
Erträgt uns nicht, denn unsre Art ist herb,
Und unsre Unterhaltung wunderlich.
›Schlagt eine kleine Bühne auf im Zimmer,

Denn die Haustochter will Theater spielen!‹
Meint ihr, sie wird als kleine Muse kommen,
Mit offnem Haar, und in den bloßen Armen
Wird eine leichte goldne Leier liegen?
Meint ihr als Schäferin, ein weißes Lamm
Am blauen Seidenband und auf den Lippen
Ein Lächeln, süß und billig wie die Reime
In Schäferspielen? Auf! und geht hinaus!
Geht fort, ich bitt euch, wenn ihr das erwartet!
Ihr könnt uns nicht ertragen, wir sind anders!
Wir haben aus dem Leben, das wir leben,
Ein Spiel gemacht, und unsere Wahrheit gleitet
Mit unserer Komödie durcheinander
Wie eines Taschenspielers hohle Becher –
Je mehr ihr hinseht, desto mehr betrogen!
Wir geben kleine Fetzen unsres Selbst
Für Puppenkleider. Wie die wahren Worte –
(An denen Lächeln oder Tränen hängen
Gleich Tau an einem Busch mit rauhen Blättern)
Erschrecken müssen, wenn sie sich erkennen,
In dieses Spiel verflochten, halb geschminkt,
Halb noch sich selber gleich, und so entfremdet
Der großen Unschuld, die sie früher hatten!
Ward je ein so verworrnes Spiel gespielt?
Es stiehlt uns von uns selbst und ist nicht lieblich

Wie Tanzen oder auf dem Wasser Singen,
Und doch ist es das reichste an Verführung
Von allen Spielen, die wir Kinder wissen.
Wir Kinder dieser sonderbaren Zeit
Was wollt ihr noch? So sind wir nun einmal,
Doch wollt ihr wirklich solche Dinge hören,
Bleibt immerhin! Wir lassen uns nicht stören.

ZUM GEDÄCHTNIS DES SCHAUSPIELERS
MITTERWURZER

Er losch auf einmal aus so wie ein Licht.
Wir trugen alle wie von einem Blitz
Den Widerschein als Blässe im Gesicht.

Er fiel: da fielen alle Puppen hin,
In deren Adern er sein Lebensblut
Gegossen hatte; lautlos starben sie,
Und wo er lag, da lag ein Haufen Leichen,
Wüst hingestreckt: das Knie von einem Säufer
In eines Königs Aug gedrückt, Don Philipp
Mit Caliban als Alp um seinen Hals,
Und jeder tot.

Da wußten wir, wer uns gestorben war:
Der Zauberer, der große, große Gaukler!
Und aus den Häusern traten wir heraus
Und fingen an zu reden, wer er war.
Wer aber war er, und wer war er nicht?

Er kroch von einer Larve in die andre,
Sprang aus des Vaters in des Sohnes Leib
Und tauschte wie Gewänder die Gestalten.

Mit Schwertern, die er kreisen ließ so schnell,
Daß niemand ihre Klinge funkeln sah,
Hieb er sich selbst in Stücke: Jago war
Vielleicht das eine, und die andre Hälfte
Gab einen süßen Narren oder Träumer.
Sein ganzer Leib war wie der Zauberschleier,
In dessen Falten alle Dinge wohnen:
Er holte Tiere aus sich selbst hervor:
Das Schaf, den Löwen, einen dummen Teufel
Und einen schrecklichen, und den, und jenen,

Und dich und mich. Sein ganzer Leib war glühend,
Von innerlichem Schicksal durch und durch
Wie Kohle glühend, und er lebte drin
Und sah auf uns, die wir in Häusern wohnen,
Mit jenem undurchdringlich fremden Blick
Des Salamanders, der im Feuer wohnt.

Er war ein wilder König. Um die Hüften
Trug er wie bunte Muscheln aufgereiht
Die Wahrheit und die Lüge von uns allen.
In seinen Augen flogen unsre Träume
Vorüber, wie von Scharen wilder Vögel
Das Spiegelbild in einem tiefen Wasser.

Hier trat er her, auf eben diesen Fleck,
Wo ich jetzt steh, und wie im Tritonshorn
Der Lärm des Meeres eingefangen ist,
So war in ihm die Stimme alles Lebens:
Er wurde groß. Er war der ganze Wald,
Er war das Land, durch das die Straßen laufen.
Mit Augen wie die Kinder saßen wir
Und sahn an ihm hinauf wie an den Hängen
Von einem großen Berg: in seinem Mund
War eine Bucht, drin brandete das Meer.

Denn in ihm war etwas, das viele Türen
Aufschloß und viele Räume überflog:
Gewalt des Lebens, diese war in ihm.
Und über ihn bekam der Tod Gewalt!
Blies aus die Augen, deren innrer Kern
Bedeckt war mit geheimnisvollen Zeichen,
Erwürgte in der Kehle tausend Stimmen
Und tötete den Leib, der Glied für Glied
Beladen war mit ungebornem Leben.

Hier stand er. Wann kommt einer, der ihm gleicht?
Ein Geist, der uns das Labyrinth der Brust,
Bevölkert mit verständlichen Gestalten,
Erschließt aufs neu zu schauerlicher Lust?
Die er uns gab, wir konnten sie nicht halten
Und starren nun bei seines Namens Klang
Hinab den Abgrund, der sie uns verschlang.

**AUF DEN TOD DES SCHAUSPIELERS
HERMANN MÜLLER**

Dies Haus und wir, wir dienen einer Kunst,
Die jeden tiefen Schmerz erquicklich macht
Und schmackhaft auch den Tod.

Und er, den wir uns vor die Seele rufen,
Er war so stark! Sein Leib war so begabt,
Sich zu verwandeln, daß es schien, kein Netz
Vermöchte ihn zu fangen! Welch ein Wesen!
Er machte sich durchsichtig, ließ das Weiße
Von seinem Aug die tiefste Heimlichkeit,
Die in ihm schlief, verraten, atmete
Die Seele der erdichteten Geschöpfe
Wie Rauch in sich und trieb sie durch die Poren
Von seinem Leib ans Tageslicht zurück.
Er schuf sich um und um, da quollen Wesen
Hervor, kaum menschlich, aber so lebendig–
Das Aug bejahte sie, ob nie zuvor
Dergleichen es geschaut: ein einzig Blinzeln,
Ein Atemholen zeugte, daß sie waren
Und noch vom Mutterleib der Erde dampften!
Und Menschen! Schließt die Augen, denkt zurück!
Bald üppige Leiber, drin nur noch im Winkel
Des Augs ein letztes Fünkchen Seele glost,
Bald Seelen, die um sich, nur sich zum Dienst
Ein durchsichtig Gehäus, den Leib, erbauen:
Gemeine Menschen, finstre Menschen, Könige,
Menschen zum Lachen, Menschen zum Erschaudern –
Er schuf sich um und um: da standen sie.
Doch wenn das Spiel verlosch und sich der Vorhang
Lautlos wie ein geschminktes Augenlid

Vor die erstorbne Zauberhöhle legte
Und er hinaustrat, da war eine Bühne
So vor ihm aufgetan wie ein auf ewig
Schlafloses aufgerißnes Aug, daran
Kein Vorhang je mitleidig niedersinkt:
Die fürchterliche Bühne Wirklichkeit.
Da fielen der Verwandlung Künste alle
Von ihm, und seine arme Seele ging
Ganz hüllenlos und sah aus Kindesaugen.
Da war er in ein unerbittlich Spiel
Verstrickt, unwissend, wie ihm dies geschah;
Ein jeder Schritt ein tiefrer als der frühere
Und unerbittlich jedes stumme Zeichen:
Das Angesicht der Nacht war mit im Bund,
Der Wind im Bund, der sanfte Frühlingswind,
Und alle g e g e n ihn! Nicht den gemeinen,
Den zarten Seelen stellt das dunkle Schicksal
Fallstricke dieser Art. Dann kam ein Tag,
Da hob er sich, und sein gequältes Auge
Erfüllte sich mit Ahnung und mit Traum,
Und festen Griffs, wie einen schweren Mantel,
Warf er das Leben ab und achtete
Nicht mehr, denn Staub an seines Mantels Saum,
Die nun in nichts zerfallenden Gestalten.

So denkt ihn. Laßt ehrwürdige Musik
Ihn vor euch rufen, ahnet sein Geschick
Und mich laßt schweigen, denn hier ist die Grenze,
Wo Ehrfurcht mir das Wort im Mund zerbricht.

VERSE ZUM GEDÄCHTNIS DES SCHAUSPIELERS JOSEF KAINZ

O hätt ich seine Stimme, hier um ihn
Zu klagen! Seinen königlichen Anstand,
Mit meiner Klage dazustehn vor euch!
Dann wahrlich wäre diese Stunde groß
Und Glanz und Königtum auf mir, und mehr
Als Trauer: denn dem Tun der Könige
Ist Herrlichkeit und Jubel beigemengt,
Auch wo sie klagen und ein Totenfest begehn.

O seine Stimme, daß sie unter uns
Die Flügel schlüge! – Woher tönte sie?
Woher drang dies an unser Ohr? Wer sprach
Mit solcher Zunge? Welcher Fürst und Dämon
Sprach da zu uns? Wer sprach von diesen Brettern
Herab? Wer redete da aus dem Leib
Des Jünglings Romeo, wer aus dem Leib
Des unglückseligen Richard Plantagenet
Oder des Tasso? Wer?
Ein Unverwandelter in viel Verwandlungen,
Ein niebezauberter Bezauberer,
Ein Ungerührter, der uns rührte, einer,
Der fern war, da wir meinten, er sei nah,
Ein Fremdling über allen Fremdlingen,
Einsamer über allen Einsamen,
Der Bote aller Boten, namenlos
Und Bote eines namenlosen Herrn.

Er ist an uns vorüber. Seine Seele
War eine allzu schnelle Seele, und
Sein Aug glich allzusehr dem Aug des Vogels.
Dies Haus hat ihn gehabt – doch hielt es ihn?
Wir haben ihn gehabt – er fiel dahin,

Wie unsre eigne Jugend uns entfällt,
Grausam und prangend gleich dem Wassersturz.

O Unrast! O Geheimnis, offenkundiges
Geheimnis menschlicher Natur! O Wesen,
Wer warest du? O Schweifender! O Fremdling!
O nächtlicher Gespräche Einsamkeit
Mit deinen höchst zufälligen Genossen!
O starrend tiefe Herzenseinsamkeit!
O ruheloser Geist! Geist ohne Schlaf!
O Geist! O Stimme! Wundervolles Licht!
Wie du hinliefest, weißes Licht, und rings
Ins Dunkel aus den Worten dir Paläste
Hinbautest, drin für eines Herzschlags Frist
Wir mit dir wohnten – Stimme, die wir nie
Vergessen werden – o Geschick – o Ende –
Geheimnisvolles Leben! Dunkler Tod!

O wie das Leben um ihn rang und niemals
Ihn ganz verstricken konnte ins Geheimnis
Wollüstiger Verwandlung! Wie er b l i e b !
Wie königlich er standhielt! Wie er schmal,
Gleich einem Knaben, s t a n d ! O kleine Hand
Voll Kraft, o kleines Haupt auf feinen Schultern,
O vogelhaftes Auge, das verschmähte,
Jung oder alt zu sein, schlafloses Aug,
O Aug des Sperbers, der auch vor der Sonne
Den Blick nicht niederschlägt, o kühnes Aug,
Das beiderlei Abgrund gemessen hat,
Des Lebens wie des Todes – Aug des B o t e n !
O Bote aller Boten, Geist! Du Geist!
Dein Bleiben unter uns war ein Verschmähen,
Fortwollender! Enteilter! Aufgeflogener!

Ich klage nicht um dich. Ich weiß jetzt, wer du warst,
Schauspieler ohne Maske du, Vergeistiger,
Du bist empor, und wo mein Auge dich
Nicht sieht, dort kreisest du, dem Sperber gleich,
Dem Unzerstörbaren, und hältst in Fängen
Den Spiegel, der ein weißes Licht herabwirft,
Weißer als Licht der Sterne: dieses Lichtes
Bote und Träger bist du immerdar,
Und als des Schwebend-Unzerstörbaren
Gedenken wir des Geistes, der du bist.

O Stimme! Seele! aufgeflogene!

Zu Einer Totenfeier Für Arnold Böcklin

(In die letzten Takte der Symphonie tritt der Prolog
auf, seine Fackelträger hinter ihm. – Der Prolog ist
ein Jüngling; er ist venezianisch gekleidet, ganz in
Schwarz, als ein Trauernder.)

Nun schweig, Musik! Nun ist die Szene mein,
Und ich will klagen, denn mir steht es zu!
Von dieser Zeiten Jugend fließt der Saft
In mir; und er, des Standbild auf mich blickt,
War meiner Seele so geliebter Freund!
Und dieses Guten hab ich sehr bedurft,
Denn Finsternis ist viel in dieser Zeit,
Und wie der Schwan, ein selig schwimmend Tier,
Aus der Najade triefend weißen Händen
Sich seine Nahrung küßt, so bog ich mich
In dunklen Stunden über seine Hände
Um meiner Seele Nahrung: tiefen Traum.
Schmück ich dein Bild mit Zweig und Blüten nur?
Und du hast mir das Bild der Welt geschmückt
Und aller Blütenzweige Lieblichkeit
Mit einem solchen Glanze überhöht,
Daß ich mich trunken an den Boden warf
Und jauchzend fühlte, wie sie ihr Gewand
Mir sinken ließ, die leuchtende Natur!
Hör mich, mein Freund! Ich will nicht Herolde
Aussenden, daß sie deinen Namen schrein
In die vier Winde, wie wenn Könige sterben:
Ein König läßt dem Erben seinen Reif
Und einem Grabstein seines Namens Schall.
Doch du warst solch ein großer Zauberer,
Dein Sichtbares ging fort, doch weiß ich nicht,
Was da und dort nicht alles von dir bleibt,

Mit heimlicher fortlebender Gewalt
Sich dunklen Auges aus der nächtigen Flut
Zum Ufer hebt – oder sein haarig Ohr
Hinter dem Efeu horchend reckt,

                                                drum will ich

Nie glauben, daß ich irgendwo allein bin,
Wo Bäume oder Blumen sind, ja selbst
Nur schweigendes Gestein und kleine Wölkchen
Unter dem Himmel sind: leicht daß ein Etwas,
Durchsichtiger wie Ariel, mir im Rücken
Hingaukelt, denn ich weiß: geheimnisvoll
War zwischen dir und mancher Kreatur
Ein Bund geknüpft, ja! und des Frühlings Au,
Siehe, sie lachte dir so, wie ein Weib
Den anlacht, dem sie in der Nacht sich gab!

Ich meint um dich zu klagen, und mein Mund
Schwillt an von trunkenem und freudigem Wort:
Drum ziemt mir nun nicht länger hier zu stehen.
Ich will den Stab dreimal zu Boden stoßen
Und dies Gezelt mit Traumgestalten füllen.
Die will ich mit der Last der Traurigkeit
So überbürden, daß sie schwankend gehn,
Damit ein jeder weinen mag und fühlen:
Wie große Schwermut allem unsern Tun
Ist beigemengt.

                                    Es weise euch ein Spiel

Das Spiegelbild der bangen, dunklen Stunde,
Und großen Meisters trauervollen Preis
Vernehmet nun aus schattenhaftem Munde!

Gesammelte Gedichte, Prologe und Trauerreden des österreichischen Schriftstellers.
Nachdruck der Originalausgabe von 1922.